Birgit Kuehn

Die Abenteuer von

Pauli Broccoli

Illustriert von Rainer Simon

Für Chesleigh und Cayden

Autor: Birgit Kühn-Waites, Marietta, GA, USA
Deutsche Übersetzung: Heiko Volz, Stuttgart
Illustrationen, Layout und Einbandgestaltung: Rainer Simon, Böblingen

ISBN 978-0-9982234-4-5

Die Abenteuer von Pauli Broccoli

Pauli Broccoli lebt auf einer kleinen Farm in Tasty Town. Das liegt in Amerika und bedeutet so viel wie Leckere Stadt. Es ist die Farm von Bob, seiner Frau Ethel und ihren zwei Kindern Max und Suzy. Viele Gemüse-Freunde wachsen dort gemeinsam mit Pauli auf. Seine besten Freunde sind Pamela Möhrchen, Fritzi Kartoffel und Cecilia Sellerie. Wenn der Herbst naht, wächst beim Gemüse auch die Freude. Die ganze Zeit warten sie nur auf die Ernte und darauf uns gut zu schmecken. Du glaubst nicht, wie Früchte und Gemüse es lieben, in deinem Bauch Parties zu feiern. Sie freuen sich darauf, uns gesund und glücklich zu machen.

Pauli wächst und gedeiht ganz am Ende des Feldes. Als die Ernte vorüber ist, muss er feststellen, dass man ihn einfach vergessen hat. Gibt es so was? Armer Pauli. Er ist sehr traurig und einsam ohne seine geliebten Gemüse-Freunde. Pauli hat keine Lust den Rest seines Lebens auf einem leeren Acker zu versauern.

Einige Tage später landet ein großer, blauer Vogel direkt neben Pauli. Der erzählt ihm von seinen abenteuerlichen Reisen um die ganze Welt. Als er auch noch von unbekannten Früchten und fremdartigem Gemüse berichtet, die er unterwegs getroffen hat, werden Paulis kleine Broccoli-Ohren größer und größer. Das klingt alles andere als langweilig und spannender als alles, was Pauli jemals gehört hat.

Allmählich wird es In Tasty Town immer kälter und grauer.
Es dauert nicht mehr lange bis der erste Schnee fällt. „Es
wird Zeit in ein wärmeres Klima zu fliegen!" zwitschert
der Vogel seinem grünen Freund zu „Möchtest du nicht
mitkommen? Wir könnten dann gemeinsam die ganze Welt
entdecken!"
Pauli macht einen Riesen-Sprung vor Freude. Ohne zu Zö-
gern klettert Pauli auf den Rücken des Vogels und der Flug
ins Abenteuer beginnt.

Pauli kann es gar nicht fassen, wie klein plötzlich alles von hier oben aus den Wolken aussieht. Er sieht winzige Farmen über das ganze Land verstreut. Als das Wetter immer schöner wird, entdeckt Pauli eine besonders hübsche Farm "Uii, lass uns hier landen. Hier gibt es bestimmt etwas Spannendes zu entdecken!" sagt er dem Vogel ganz aufgeregt.

Beim Landen entdecken die beiden einen hübschen, bunten Papagei auf einem Baum sitzen. „Was ist das hier für ein schöner Ort?" fragt ihn Pauli neugierig. „Ihr seid in Costa Rica gelandet, einem Land in Mittelamerika. Es ist fantastisch hier. Bei uns wächst das wundervollste Obst und Gemüse!" Was Pauli für ein Feld hielt ist eine Plantage. „Was sind das für lange, gelbe Dinger?" „Komm her! Hier her!" ruft ihn eine dieser Früchte. Pauli blickt nach oben, dorthin wo die Stimme herkommt. Die gelben Früchte wachsen alle ganz dicht beieinander an Stauden.

Eine von ihnen löst sich von einer Staude und springt auf den Boden, direkt neben Pauli. „Hi! Ich bin Bambina Banane. Willkommen auf meiner Plantage! Wir Bananen sind auf der ganzen Welt bekannt. Die Kinder lieben uns, weil wir so süß sind!" „Wow! Ich wünschte, ich wäre auch so süß!" sagt Pauli Broccoli etwas traurig.

„Aber Pauli …" antwortet ihm Bambina Banane „ … dafür bist du eins der gesündesten Gemüse überhaupt! Durch dich bekommen die Kinder starke Knochen und du schützt sie vor Krankheiten." Da fühlt sich Pauli gleich viel besser.

Am Abend veranstalten Pauli´s neue Bananenfreunde eine große Party mit einem knisternden Lagerfeuer. Jetzt war Pauli doch ganz froh darüber, dass ihn seine Farmerfamilie bei der Ernte vergessen hatte. Er schläft mit einem Lächeln im Gesicht ein und ist gespannt, welche weiteren Abenteuer er mit dem Vogel auf ihrer Weltreise erleben wird.

Die Sonne steigt gerade über dem Regenwald auf als Pauli und sein Vogelfreund erwachen. Sie verabschieden sich von Bambina Banana und dem freundlichen Papagei und starten in ihr nächstes Abenteuer.

Fast einen Tag lang fliegen sie in Richtung Norden weiter.
Irgendwo im Nirgendwo hören sie plötzlich Klänge einer
fröhlichen Musik. „Aha, das muss Mexiko sein. Das klingt
nach einer typisch mexikanischen Mariachi Band!" meint
der Vogel. „Lass uns hier landen." freut sich Pauli.
Und schon landen sie auf dem nächstliegenden Feld.

Die beiden stehen inmitten riesiger Bäume mit hübschen, grünen Früchten. „Hola" hört Pauli jemanden direkt vom Baum neben ihm rufen „Willkommen bei mir zuhause, Chico. Mein Name ist Fernando. Ich bin das, was ihr eine Avocado nennt. Eine der gesündesten Früchte auf diesem Planeten. Manchmal sagt man auch „Alligator Birne" zu mir – wegen meiner rauen Haut. Lustig, was?" Trotz seines gefährlichen Spitznamens findet Pauli Fernando aber gleich sehr nett. Und er ist begeistert, als er erfährt wie gesund Avocados sind. Aber am meisten freut sich Pauli darüber nun jemanden getroffen zu haben, der ebenso grün ist wie er selbst.

„Amigos, bleibt doch eine Weile hier und ich zeige euch welch lustige und leckere Sachen die Menschen aus uns Avocados machen!" schlägt Fernando vor „Heute Nacht gibt es eine große Guacamole Party! Wir sind alle reif und bereit für das Abschlußfest unseres Farmers. Dort treffen wir unsere besten Freunde: Humberto Limette, Octavio Zwiebel, Jose Koriander, Gabriela Knofi und Chantico Chili. Gemeinsam werden wir zur tollsten Speise, die die Leute jemals gegessen haben: Guacamole! Yeeha!!!!"

Ihr müsst wissen, liebe Kinder, der größte
Wunsch unserer Früchte- und Gemüse-Freunde
ist es, gegessen zu werden und Freude zu berei-
ten. Sie wollen nichts mehr als uns gesund und
glücklich zu machen. Vor allem euch Kinder.
Deshalb strengen sie sich ganz besonders an,
um zu einer schönen Frucht zu reifen.
„Hossa! Da kommt unsere Familie!"
freut sich Fernando „Schaut Amigos!"
Der Farmer und seine Kinder nehmen
Fernando und noch drei seiner Avocado-
Feunde vom Baum mit. Avocados gefällt es,
wenn sie von ihrer dicken, harten, dunkelgrü-
nen Haut befreit werden um uns lecker schmecken zu können. „Wow" stellt Pauli fest „du bist
ja viel leichter und weicher als ich dachte!"
„Warte mal ab! Nur unser Fruchtfleisch
ist sehr leicht und cremig. Unser großer Kern,
der große Samen ist hart. Und mit dem pflanzt
der Farmer wieder neue Bäume. So leben hier
auf der Farm viele verschiedene Generationen
von uns!"

Nach einem wundervollen Guacamole Fest
sagen Pauli und sein gefiederter Freund „Muchos gracias"
für die Gastfreundschaft und nehmen Abschied,
um ihre Reise wieder fortzusetzen.

Dank dem Guacamole Fest hat der Vogel jetzt ganz viel
Energie getankt. Er möchte Pauli überraschen und zu einem weit entfernten, magischen Platz bringen, den er schon
einmal besucht hatte. Nach einem langen Flug erscheint ein
wunderschönes Feld unter ihnen. „Lass uns hier landen!"
ruft Pauli als sein Freund bereits zum Landen ansetzt. Sie
landen in einem Feld voller fedriger Blätter. Pauli kann es
kaum fassen. Er möchte vom blauen Vogel wissen wo sie
sind. „Im majestätischen Land von Indien!" antwortet der
ihm. „Mmmmmh! Was ist das für ein feiner Duft?

Der Duft erinnert Pauli an Bonbons, die Kinder so mögen. „Namaste!" begrüßt ihn eine der Pflanzen. Als Pauli sich umdreht, bemerkt er eine große Birne mit seltsamen fedrigen Blättern. „Gestatten, ich bin Fariq Fenchel. Willkommen in meinem Zuhause!" „Hi Fariq, du riechst sehr fein!","Haan! Ich bin sehr süß und man sagt ich würde nach Lakritze schmecken." erklärt ihm Fariq. „Wow, das erklärt alles!" stellt Pauli fest. „Ich muss unbedingt meinem Farmer zuhause von dir erzählen! Das ist klasse, wenn es für Kinder gesundes Gemüse gibt, das wie Bonbons schmeckt!" „Nicht nur das, viele Kulturen in Indien und auch unsere Nachbarländer verwenden meinen gerösteten Fenchelsamen bei Bauchschmerzen und für einen frischen Atem." ergänzt Fariq.

Pauli und der blaue Vogel sind sich einig, dass Fariq Fenchel nicht nur sehr lecker riecht, sondern auch sehr nützlich für die Menschen auf der ganzen Welt ist. Nachdem sie die Zeit mit Fariq sehr genossen haben, sagt Pauli „Es war toll dich zu treffen, Fariq, aber nun ist es Zeit für uns noch mehr von der Welt zu entdecken." Er springt auf den Rücken des Vogels und die beiden fliegen davon.

Und weiter geht die abenteuerliche Reise. Der blaue Vogel möchte von Pauli wissen, was er als Nächstes sehen möchte. „Nach Westen, junger Mann!" antwortet ihm Pauli. Und so überqueren den Ozean und fliegen über hohe Berge bis sie einen wunderschönen Berghang mit langen Reihen Weinreben sehen. Der blaue Vogel ist sich nicht ganz sicher, wo sie sich jetzt genau befinden. „Das sieht spannend aus, lass uns landen und herausfinden wo wir sind." schlägt Pauli vor.

Nach der Landung entdeckt Pauli eine Menge kleiner lila Früchte knapp über dem Boden. „Bonjour und willkommen in Frankreich!" begrüßt sie eine der kleinen Früchte. „Mein Name ist Claude. Ich bin eine Traube und sehr vielseitig. Die Leute machen Saft, Wein und Gelee aus mir. Ich schmecke so lecker, dass man mich sogar pur zum Wein isst.

„Hey Claude, du bist das kleinste Früchtchen, das ich jemals gesehen habe!" sagt Pauli. „Aber nein, es gibt noch viel kleinere Früchtchen auf der Welt. Und wie es so schön heißt, sind manchmal gerade die kleinen Dinge am größten. Wir sind die buntesten Früchte und schmecken alle unterschiedlich! Wusstest du, dass es uns Trauben in sämtlichen Farben gibt? In Weiß, Grün, Rot, Lila, Blau und sogar Schwarz! Wir wachsen in vielen verschiedenen Ländern und Klima-Zonen. Manchmal wachsen wir an steilen Berghängen. Die nennt man dann Weinberge!"

Nachdem sie durch viele Reihen Rebstöcke
gewandert sind und viele Freunde von Claude getroffen haben, bedanket sich Pauli mit.
„Merci!" Vom langen Ausflug müde, wird es
Zeit für die zwei Abenteurer sich auszuruhen
und zu schlafen. Pauli träumt von seinen vielen
neuen Freunden, die er seit dem Verlassen der
Farm getroffen hat. Beim ersten Sonnenstrahl
wird Pauli von einem aufgeregten Gezwitscher
geweckt. „Aufwachen, Pauli! Zeit abzureisen.
Ich möchte dich zu einem ganz besonderen Ort
mitnehmen. Wir müssen uns aber beeilen!"
Pauli reibt sich seine müden Augen, streckt sich
und springt auf den Rücken seines Freundes.
Und weiter geht ihre Reise.

Nach einem kurzen Flug Richtung Norden, erreichen sie einen weiteren schönen Ort. Was war das unter ihnen? Es sieht aus wie ein Wellenmuster aus angehäufter Erde, aus dem grüne und weiße Spitzen herausschauen. Pauli möchte das aus der Nähe sehen und bittet seinen Freund hier zu Landen. „Das ist ja auch genau der Ort, den ich dir zeigen wollte!" freut sich der Vogel über Pauli´s Neugierde.

Je näher sie kommen, umso seltsamer sieht es aus. „Willkommen in Deutschland. Ich bin Hans Spargel!" Schneller als Pauli schauen kann, taucht plötzlich ein Spargel komplett aus der Erde auf. Pauli sieht zu dem weißen, langen Stängel hoch. „Hallo Hans. So einen wie dich habe ich noch nie gesehen!" sagt Pauli zu ihm. „Klar, der große, weiße Spargel ist ja in Deutschland zuhause. Du bist gerade rechtzeitig zur Spargel-Saison da." antwortet ihm Hans. „Schau dich mal um. Manche von uns sind auch kleiner und grün!" Direkt neben ihnen springen plötzlich ein paar von Hans´ grünen Cousins aus der Erde und führen einen wilden Volkstanz mit lautem Gesang auf. „Uuuum–pa–pa … Uuuum–pa! Koch uns - grill uns! Pack uns in deinen Bauch! Gesünder als Schoko-Hasen sind wir auch!" Was für eine verrückte und lustige Gemüse-Bande!

Dieser Radau ist leider viel zu laut für Pauli´s Vogelfreund. Pauli kann noch rechtzeitig auf dessen Rücken springen, bevor dieser vor Schreck wegfliegt. Weiter geht die Reise. Pauli und sein Freund bemerken, dass reisen ganz schön anstrengend sein kann und sie schon ordentlich müde sind. Tausende Kilometer sind sie schon geflogen und viele neue Freunde haben sie auf ihrem langen Weg kennengelernt. „Lass uns wieder nach Hause fliegen. Nach Amerika." schlägt Pauli vor. Der Vogel ist glücklich das zu hören. Denn inzwischen hat er auch schon großes Heimweh. Auf dem Rückflug reden sie viel über ihre neuen Freunde, die neuen Länder die sie kennengelernt haben und die Dinge die sie erfahren haben. Als endlich Tasty Town am Horizont erscheint, fliegt der Vogel vor lauter Freude immer schneller und beginnt mit dem Landeanflug hinab ins Tal. Seine Vogel-Familie sieht die beiden bereits und fliegt ihnen entgegen. „Tschilp-Tschilp! Wir haben euch so vermisst!"

Pauli kehrt zurück zu seinem alten Platz auf dem Acker und fällt sofort in einen langen, tiefen Winterschlaf. Er träumt von all seinen Abenteuern und neuen Freunden. Als er wieder erwacht, ist es bereits Frühling. Aber was ist hier passiert? Hättet ihr das gedacht? Pauli hat jetzt eine neue Broccoli-Familie, die inzwischen um ihn herum gewachsen ist. So beschließt er, auch den Sommer hier mit seiner neuen Familie zu verbringen. Im Herbst möchte er allerdings wieder fort, um mehr von der Welt zu entdecken. Wohin glaubt ihr wird Pauli dann reisen? Welche neuen Freunde wird er kennenlernen?

Pauli Broccoli
& Freunde

Hans Spargel

Fernando Avocado

Gabriela Knofi

Humberto Lime

Cecilia Sellerie

Chantico Chili

Pauli Broccoli

Big Blue Bird

Fritzi Kartoffel

Fariq Fenchel

Jose Koriander

Claude Traube

Pamela Möhrchen

Bambina Banana

Octavio Zwiebel

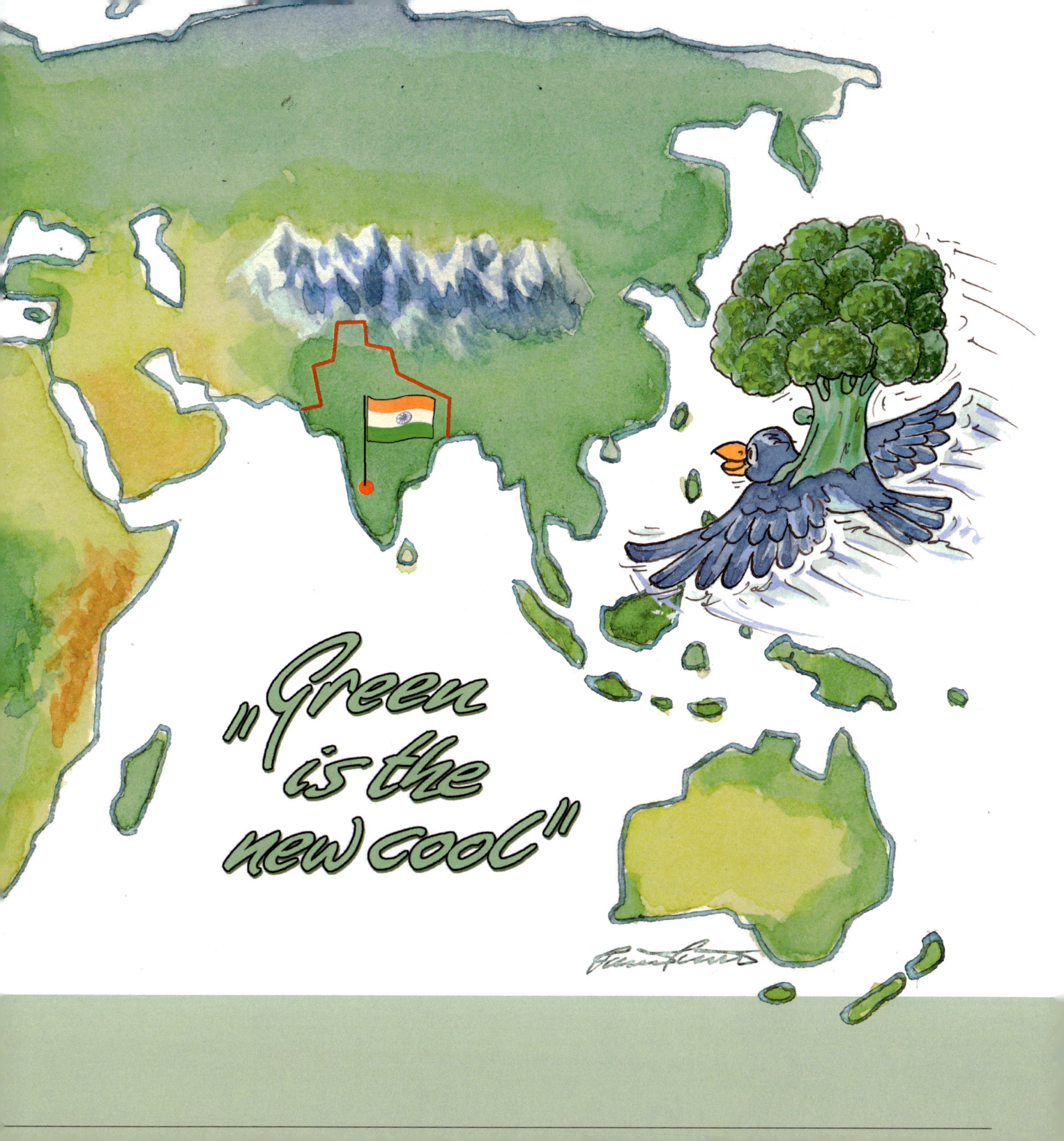

"Green is the new cool"

Rezepte

Broccoli gehört zu den Gemüsesorten mit dem meisten Calcium. Eine halbe Tasse deckt mehr als den empfohlenen Mindestbedarf an Vitamin C und E pro Tag. Achte beim Einkaufen darauf, dass seine Blümchen gleichmässig grün, hell und kompakt sind. Gelbe und weiche Stellen verraten dir, dass Pauli nicht mehr frisch ist. Ungekochten Broccoli solltest du in einem offenen Frischhaltebeutel im Gemüse-fach deines Kühlschrankes lagern. So hält er drei bis fünf Tage lang. Gekochter Broccoli hält im Kühlschrank in einem luftdichten Behälter zwei bis drei Tage. Dieses Rezept ist glutenfrei.

Pauli Broccoli und Pamela Möhrchen – Küchlein

Zutaten für 4 Portionen:
300 g Broccoli
200 g Möhrchen
1 Ei
100 g Magerquark
6 EL Haferflocken
40 g Mehl
Semmelbrösel
Majoran
Muskat
Knoblauchgranulat
Olivenöl
Salz, Pfeffer

Zubereitung:
Broccoli und Möhrchen fein würfeln und kurz kochen, damit sie noch bissfest bleiben. Magerquark und Ei verrühren. Gemüse, Haferflocken und Mehl dazu geben und alles zu einem formbaren Teig verarbeiten.
Mit Salz, Pfeffer, Majoran, Knoblauch und Muskat kräftig würzen.
Mit feuchten Händen kleine Küchlein formen und in Semmelbröseln wälzen.
Olivenöl erhitzen und die Küchlein darin auf beiden Seiten knusprig braun braten.

Fernando & Freunde Guacamole

Avocados liefern fast zwanzig wichtige Nährstoffe einschließlich Ballaststoffe, Kalium, Vitamine E und B sowie Folsäure. Sie wirken auch als Nährstoffverstärker. Wenn du Avocado zusammen mit anderen Lebensmitteln isst, werden auch aus ihnen mehr fettlösliche Nährstoffe gezogen. Wie viele andere Früchte auch, reifen Avocados nach dem Pflücken noch nach. Frische Fernando Avocados sind so hart wie Steine. Schau immer, dass sie eine gleichmässige Oberfläche haben. Achte darauf, dass sie überall gleich hart oder weich sind und nimm die, die sich schwer für ihre Größe anfühlen. Vermeide Avocados mit Druckstellen, weichen Flächen oder einem Hohlraum zwischen der Haut und dem Fruchtfleisch. Das Fleisch von reifen Früchten gibt bei sanftem Drücken leicht nach. Reife Früchte haben häufig schon in den Läden Druckstellen. Ich empfehle dir deshalb, sie bei dir zuhause reifen zu lassen. Plane zwei bis fünf Tage ein, bis du sie verwenden kannst. Du kannst das Reifen beschleunigen, indem du sie in braunes Papier wickelst und sie bei Zimmertemperatur und ohne direktes Sonnenlicht lagerst. Guacamole schmeckt nicht nur toll auf Tortilla Chips, sondern auch mit Pamela Möhrchen und anderem Gemüse. Magst du Fernando cremig oder fest? Du kannst deine Guacamole ganz nach deinem Geschmack zubereiten.

Fernando Avocado Guacamole Dip

Zutaten für 4 Portionen:
3 Fernando Avocados, reife
1 Humberto Limone, ausgepresst
¼ Eduardo Zwiebel, fein gehackt
3 EL frischer Jose Koriander, fein gehackt
1 Tomate, sehr fein gewürfelt
2 Gabriela Knofizehen sehr fein gehackt
oder durchgepresst
Salz
Pfeffer

Zubereitung:
Die Avocados halbieren, den Kern entfernen. Mit einem Löffel das Fruchtfleisch herauslösen und mit einer Gabel zu feinem Mus zerdrücken. Die Tomatenwürfel, den Limonensaft, den Knofi, die Zwiebel und den Koriander zugeben, und alles miteinander verrühren. Mit Salz und Pfeffer gut abschmecken.

Fariq Fenchel und Orangen Salat

Fariq Fenchel ist reich an Vitaminen A und C sowie an Calcium, Eisen und Magnesium. Der Samen kann auch gegessen werden. Wenn du ihn zerkaust, unterstützt er deine Verdauung. Falls du mal in einem indischen Restaurant gegessen hast, ist dir bestimmt Fenchelsamen aufgefallen. Fenchel Tee hilft Babys sehr gut bei Bauchschmerzen. Beachte beim Einkauf, dass die Birne fest, feucht und ohne braune Flecken ist. Zum Lagern entfernst du die Stiele von der Birne und kühlst sie separat in einem Frischhaltebeutel. Fariq kann so bis zu drei Tagen im Gemüsefach aufbewahrt werden. Du solltest Fariq´s Stiele früher als die Birne essen, da sie nicht so lange halten. Meine Tochter Chesleigh ist ein großer Lakritze-Fan und isst Fenchel am liebsten roh.

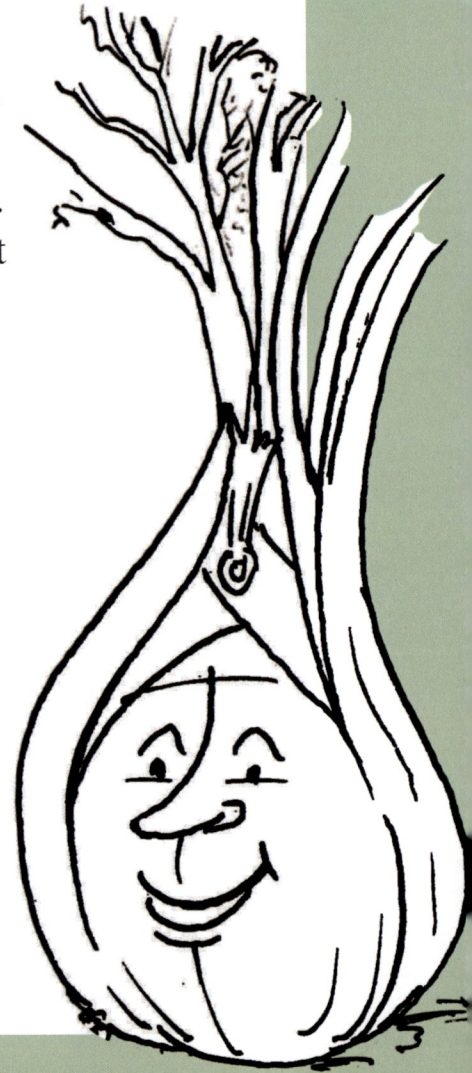

Fariq Fenchel und Orangen Salat

Zutaten für 4 Portionen:
2 Knollen Fariq Fenchel
3 Orangen
1 EL Honig
1 EL Olivenöl
Salz
Pfeffer

Zubereitung:
Orangen filetieren, mit Honig und dem Öl verrühren. Den Fenchel halbieren, in dünne Ringe schneiden und zusammen mit den Orangenfilets in die Marinade geben. Mit Salz und Pfeffer abschmecken. Umrühren, etwas Fenchelgrün dazugeben und abgedeckt 30 Minuten im Kühlschrank ziehen lassen.

Bambina Banane und Claude Traube-Salat

Bananen enthalten mehr Kalium als anderes Obst. Achte beim Einkaufen darauf, dass die Bananen keine Verletzungen haben und die Enden in Ordnung sind. Pamela Banane hat den höchsten Nährwert und schmeckt am süßesten, wenn sie gerade braune Flecken bekommt. Bananen halten bei Zimmertemperatur zwei bis drei Tage, im Kühlschrank bis zu zwei Wochen. Die Schale wird so zwar dunkler, aber das Fruchtfleisch bleibt von der Farbe und vom Geschmack gleich. Überreife Bananen schälst du am Besten und lagerst sie in einem Plastikbeutel im Gefrierschrank.

Trauben gibt es in vielen Sorten und Farben, von Weiß bis Grün über Rot und von Lila zu Blau und sogar in Schwarz. Claude besitzt viele gesundheitsfördernde natürliche Nährstoffe wie Antioxidationsmittel, Vitamine und Mineralien. Suche beim Einkaufen pralle, schön gefärbte Trauben aus. Die Stiele, an denen die Trauben hängen, sollen feucht und flexibel sein. Ungewaschene Trauben bleiben in einem Frischhaltebeutel im Kühlschrank bis zu einer Woche frisch.

Dieser Salat ist sehr vielseitig, wenn du viele unterschiedliche Traubensorten verwendest.

Bambina Bananen und Claude Trauben Fruchtsalat

Zutaten für 2 Portionen:
1 Orange
100 g frische Beeren
1 Bambina Banane
100 g Claude Trauben (grün oder weiss)
Honig

Zubereitung:
Orangen filetieren, Trauben halbieren und entkernen. Banane schälen und in Scheiben schneiden. Beeren nach Bedarf zerkleinern. Das Obst mit dem Saft von der Orange mischen. Mit Honig abschmecken.

Gerösteter Hans Spargel

Spargel ist in ganz Europa sehr beliebt. Meistens ist er weiß, es gibt ihn auch in grünen Varianten. Der heißt dann „Grüner Spargel". Wusstest du, dass für den weißen Spargel eine blanchierende, also eine weißmachende, Methode angewendet wird? Während die Sprossen wachsen, werden sie mit Erde bedeckt, um sie vor Sonnenlicht zu schützen. Durch diese Methode entsteht keine Photosynthese und die Triebe bleiben weiß.

Im Unterschied zum grünen Spargel, nennt man den weißen Spargel „Weißgold" oder „essbares Elfenbein" und bezeichnet ihn als das königliche Gemüse. Er ist weniger bitter und viel zarter als sein grüner Kollege. Es gibt ihn auch nur für eine kurze Zeit im Frühsommer. Wichtig ist, dass er frisch ist. Die unteren Enden des weißen Spargels werden vor dem Kochen oder dem rohen Verzehr geschält. Grünen Spargel gibt es weltweit und er wird über das ganze Jahr gegessen.

Gerösteter Hans Spargel

Zutaten für 4 Portionen:
2 Bund Hans Spargel grüner
4 Knoblauchzehen
Olivenöl
Salz
Pfeffer

Zubereitung:
Den grünen Spargel muss man nicht schälen, nur die holzien Enden abschneiden.
Spargel in grobe Stücke schneiden. Den Knoblauch schälen, klein hacken oder durchpressen.
In einer Pfanne Olivenöl heiß werden lassen und den Spargel ca. 4 Minuten braten.
Dann den Knoblauch zufügen und bei geringerer Hitze noch gute 5 Minuten weiter braten.
Mit Salz und Pfeffer würzen.

Notizen

Notizen

www.ingramcontent.com/pod-product-compliance
Lightning Source LLC
Chambersburg PA
CBRC091801090426
42811CB00021B/1901